AF240353

PUBLICATIONS MENSUELLES DE *L'IDÉE LIBRE* — Numéro 106

André BOURRIER
GRILLOT DE GIVRY
HAN RYNER

La Vérité sur le Supplice de Jeanne d'Arc

Victime de l'Eglise, la Pucelle a-t-elle été brûlée? S'est-elle échappée et mariée?

PRIX: 60 Centimes

EDITIONS DE *L'IDÉE LIBRE*

1925

Jeanne d'Arc n'a pas été brûlée !

Par André BOURRIER

Un savant archiviste, M. Grillot de Givry, a publié, chez Albin Michel, une étude des plus sérieuses et des plus documentées sur l'horrible et obscure légende touchant le supplice et la mort de la Pucelle d'Orléans. Trop de passions politiques et religieuses ont contribué à l'élaboration de cette légende, trop d'intérêts politiques et religieux travailleront à retenir sous l'éteignoir la vérité qui commence à jaillir des ténèbres et qui, malgré tout, finira par convaincre l'infaillibilité d'erreur ou de mensonge à l'heure même où l'Eglise, après cinq siècles d'hésitation et de prudence, a cru pouvoir enfin proclamer vierge et martyre celle qui fut épouse et mère, celle qui n'a connu d'autre bûcher que les mensonges de ses fanatiques dévôts.

Le livre de M. Grillot de Givry est donc arrivé à son heure, mais, malheureusement pour lui, il a été publié pendant la guerre et il ne fallait pas, à ce moment, battre en brèche une légende qui valait pour nous et pour nos alliés les Anglais un arsenal de mitrailleuses.

Après avoir lu le travail de M. Grillot de Givry et m'être promené à travers les vieux grimoires dont il est un érudit amateur, je suis, pour ma part, convaincu que Jeanne n'est pas morte sur le bûcher de Rouen, qu'elle a survécu et même que son mariage avec messire des Hormoises est un fait historique suffisamment établi.

Jeanne a toujours voulu s'évader et n'a jamais consenti à faire le serment de renoncer à ce projet. Elle était, d'ailleurs, fort mal gardée dans quelques-unes de ses prisons, que l'évêque de Beauvais semble avoir multipliées à plaisir, sinon à dessein. Un haut personnage ecclésiastique, venu pour l'interroger, raconte dans le procès-verbal de son enquête qu'il ne trouva personne à la prison, pas même le geôlier, que l'on finit par rencontrer dans un cabaret, où il faisait la partie, ayant eu soin toutefois d'emporter la clef dans sa poche.

Les complices de cette évasion sont les nombreux amis que la Pucelle a toujours rencontrés sur son chemin, parmi les partisans du roi de France et même chez les Bourguignons et les Anglais.

Parmi ces complices, nous citerons en première ligne : la duchesse de Luxembourg, la duchesse de Bedford, sans doute aussi la reine de Sicile, dont elle était la créature, sinon l'invention ; enfin et surtout, le pieux et digne évêque de Beauvais, Mgr Cauchon, indignement calomnié par les farouches docteurs de l'Université de Paris et qui est aujourd'hui réhabilité, s'il n'est pas déjà en Paradis, à la droite de saint Antoine l'Ermite. Il porte un nom malheureux, il est vrai, et royalistes et cléricaux ont abusé sur ce nom d'un esprit trop facile.

L'évêque, d'ailleurs, ne manquait pas d'esprit et il pourrait leur en revendre. C'est ainsi qu'il avait dit aux Anglais : « Je vous ferai un bon petit procès. » En effet, dans cette procédure interminable, il a entassé les paperasses avec des enquêtes, des contre-enquêtes, des aveux et des rétractations, à travers lesquels on se perd et où l'on ne reconnaît plus l'hérétique, la sorcière et la relapse.

C'est avec un sourire narquois qu'il annonce aux Anglais le dénouement du procès et l'exécution de la sentence : « Maintenant, dit-il, soyez dans la joie, vos vœux sont accomplis. »

Il venait de la faire évader et, au dernier moment, il lui avait substitué une de ces malheureuses sorcières dont les prisons ecclésiastiques étaient toujours pourvues.

Il avait souvent visité Jeanne dans sa prison et avait relevé son courage, parfois défaillant, en lui répétant : « Ayez confiance, Jeanne, ayez confiance ! »

Les chroniqueurs ne sont pas d'accord ; les uns font mourir la Pucelle sur le bûcher, les autres sous la hache du bourreau. La date varie considérablement et on nous donne successivement : les 31 mai, 14 juin et 6 juillet.

Le carnet du bourreau de la ville de Rouen, qui a été retrouvé et sur lequel l'exécuteur des hautes œuvres avait soin d'inscrire les noms des suppliciées, ne porte pas le nom de la Pucelle.

M. Grillot de Givry cite des documents de grande valeur, d'après lesquels Jeanne fut conduite au supplice la tête recouverte d'une mître enfoncée jusqu'aux yeux et le visage « embronché », c'est-à-dire voilé. En même temps, sept à huit cents hommes d'armes tenaient la foule à distance, tandis qu'au cours de ses précédentes sorties le peuple avait toujours pu l'approcher et lui parler. « Finalement, dit le manuscrit n° 11.542 de *British Museum*, la firent arder publiquement ou autre femme semblable d'elle, de quoi moulte gens sont encore de diverses opinions. »

L'évêque avait tenu la parole donnée ; il l'avait fait évader et lui avait substitué une autre sorcière. Il paya cher cette bonne action, car, dès le lendemain, la rumeur publique l'accusait ; les implacables docteurs de l'Université de Paris ordonnaient une enquête et l'évêque devait de nouveau instrumenter pour se justifier. Cela, d'ailleurs, était facile à un évêque. On sait que l'Official est nommé et choisi par l'évêque, qui peut, au cours de la procédure, le révoquer et le remplacer à son gré. On sait encore que l'évêque demeure dépositaire des procès-verbaux et des signatures. On sait, enfin, ce que valent les dépositions de témoins, dont la principale garantie de sincérité est la façon dont ils pratiquent la vertu d'obéissance. Témoins, secrétaires et notaires étaient d'ailleurs presque toujours des moines et des prêtres, qui, pour quelques *sols parisis* ou une chopine de bon vin, apportaient les témoignages recherchés. De tels procédés ne sont pas si inouïs que cela (et nous avons vu, en plein vingtième siècle, sur quels rapports de police le Gouvernement du Bloc national basait son opinion et ses poursuites). On cuisinait alors les procès comme aujourd'hui dans ces Hautes-Cours de justice.

Si notre pauvre Cauchon parvint à se justifier, il ne fut pas toujours aussi heureux, car, trois mois plus tard, il mourait subitement, tandis que son barbier le rasait.

Jeanne demeure cachée ou enfermée pendant trois années. Pendant ce temps, la rumeur publique ne doute plus que la Pucelle n'est pas morte dans les flammes. On sait qu'elle vit, qu'elle est cachée quelque part et qu'elle reparaîtra quand Dieu aura marqué son heure. Cette opinion est tellement ancrée dans les esprits que de nombreuses aventurières tentent d'usurper son nom et sa gloire. Chose surprenante, toutes sont accueillies avec joie et transports. Le roi lui-même partage la crédulité populaire, sans la moindre pensée que l'aventurière pût être un revenant.

Cependant, une certaine Jeanne paraît en Lorraine, aux environs de Metz et de Pont-à-Mousson. Quatre ans après le prétendu supplice, elle se fait reconnaître à Orléans même, où elle avait longtemps vécu, où elle était populaire, dans les salons de la noblesse aussi bien que dans les maisons du peuple, dans les cabarets où elle entrait, se mêlait aux soldats et vidait avec eux une chopine.

Bien plus, la municipalité la reconnaît et la comble d'honneurs, de fêtes, de cadeaux et vote même une pension à sa famille. Elle décommande le service funèbre qui avait été institué pour le repos de son âme. Ce qui est plus décisif, c'est que sa mère et son frère sont accourus et l'ont reconnue. Ils vivent ensemble à partir de ce jour.

Le duc d'Orléans, frère du roi de France, fait don d'une terre à Pierre du Lys, son frère, et l'acte de donation parle de Jeanne comme ayant exposé sa vie pour le roi, et non comme l'ayant donnée.

Elle ne tarda pas à épouser messire des Hormoises. Nous avons ici le témoignage de l'illustre bénédictin, Dom Calmet, qui a connu l'acte de mariage et dont il fait mention dans le tome IV de son *Histoire de Lorraine*. Inutile d'insister sur la valeur d'un pareil témoignage, surtout si l'on ajoute celui d'un autre savant, le Père Viguer, prêtre de l'Oratoire, qui découvrit le contrat de mariage dans le grenier de la famille des Hormoises. Ces illustres savants ont-ils donc été induits en erreur? Les doctes ecclésiastiques de nos jours seraient-ils mieux renseignés? Cela n'est pas admissible.

Ils sont encore nombreux ceux qui tiennent à accuser le clergé d'avoir brûlé Jeanne d'Arc. Une victime de plus ou de moins, ce n'est pas ce qui pèse sur la conscience des Torquemadas anciens et modernes.

Ce qui est grave et impardonnable, c'est que l'infaillibilité a été convaincue d'erreur ou de mensonge.

On s'est trop hâté, malgré cinq cents ans de réflexion, de proclamer Jeanne vierge et martyre. Hélas ! elle n'est pas vierge celle qui a eu un mari, des enfants et peut-être aussi des amants, car il y a certains documents authentiques qui tendraient à prouver qu'elle a connu d'autres visites que celles des archanges.

Il faut avouer que la dame des Hormoises a fait preuve d'un caractère exalté et parfois un peu hardi, mais n'est-ce pas en harmonie avec tout ce que nous savons de cette fille des camps, familière avec les soldats, hystérique avérée et hallucinée à ses heures? Le temps a fait son œuvre, elle a reparu guérie et dans une auréole plus humaine, mais il lui reste beaucoup de son caractère et de sa mentalité.

On peut ne pas encore être convaincu de l'identité de la dame des Hormoises, mais il reste incontestable que Jeanne a survécu au bûcher de Rouen.

L'espace restreint dont je dispose ne me permet pas de m'étendre plus longuement sur ces preuves, que l'on trouvera abondantes et décisives dans les travaux de Quicherat et de M. Grillot de Givry. Je pense, cependant, en avoir dit assez pour me faire assommer à coup d'éteignoir par les camelots du roy. Je mourrai avec la consolation d'avoir dit à cette intéressante jeunesse que l'on n'arrête pas le soleil qui monte à l'horizon.

André BOURRIER,

Ancien prêtre, ancien pasteur.

(*L'Idée Libre*, mars 1923).

Claude n'est pas Jehanne

Réponse à André BOURRIER

Par Han RYNER

Dans un passionnant article de la revue l'*Idée Libre*, M. André Bourrier adopte la thèse de la survivance de Jeanne d'Arc. Les arguments l'ont persuadé, que donne M. Grillot de Givry dans sa très savante brochure : *La Survivance et le Mariage de Jeanne d'Arc*. Ils sont certains l'un et l'autre que la dame des Armoises, qui, mariée et mère de famille, s'intitule en divers actes la Pucelle de France et en qui toute la ville d'Orléans reconnut « la bonne Lorraine », est vraiment Jeanne d'Arc, échappée au bûcher.

Je suis un peu moins convaincu que ces deux écrivains.

Certes, plusieurs de leurs arguments sont impressionnants. Mais ils me montrent surtout l'incertitude de l'histoire. L'histoire officielle est un tissu de mensonges. Tout le détail y est faux, souvent jusqu'à l'absurde. Mais il est relativement rare que le fait principal n'ait pas eu lieu. Je ne suis pas tout à fait sûr que Jeanne ait été brûlée à Rouen. C'est cependant une des rares choses vraisemblables que je connaisse sur elle. Quand le ridicule remarqué du détail nous entraîne à douter même du fait principal, soyons assez sages pour ne pas tenter de le remplacer par une hypothèse qui pourrait être ingénieuse, mais qui serait toujours branlante et fragile. Ou du moins présentons l'hypothèse en souriant, en la montrant aussi forte et prouvée — ça n'est pas beaucoup — que le récit accepté.

L'identification de la dame des Armoises et de Jeanne d'Arc, malgré les actes notariés, malgré l'affirmation des frères de Jeanne, malgré le témoignage de tout Orléans, me paraît inacceptable. Certains faits indéniables deviennent inexplicables dans cette hypothèse.

Je suis d'accord avec M. Grillot de Givry quand il pose quelque part ce dilemme : Ou Claude des Armoises est Jeanne d'Arc ou les frères de Jeanne se sont faits les complices d'une aventurière. Claude des Armoises n'a pu tromper Pierre et Jean du Lys et, si elle a pu tromper tant de monde, ce n'est qu'avec leur aide.

Je n'hésite pas à trouver l'hypothèse de la complicité des deux frères beaucoup plus probable que l'hypothèse où Claude devient Jeanne.

La famille d'Arc ou du Lys se manifeste très amie de l'argent. Jeanne même ne paraît pas exempte de cette tare. Sa mère, la Romée, peu après les événements de Rouen, va s'installer à Orléans et se faire entretenir par la ville reconnaissante. En 1436, quand ils proclament (après cinq ans !) que leur sœur est vivante, les deux frères cherchent à obtenir de l'argent et du roi et de la ville d'Orléans. Tous ceux qui reconnaissent Jeanne sauvée lui font des présents. Quand Jean amène sa sœur à Orléans, c'est pour en rapporter de l'argent. Pierre, qui avait été fait prisonnier avec sa sœur devant Compiègne, lamente encore en 1443, et avec opportunité, la forte rançon qu'il a dû payer. En argent ou en terres, il se la fait rembourser à chaque occasion.

Or, ces êtres avides proclament, dès 1436, qu'ils ont retrouvé leur sœur vivante et ils attendent jusqu'en juillet 1439 pour aller avec elle moissonner la gratitude orléanaise. Voilà qui est invraisemblable. C'est une faute inexplicable de laisser ainsi à la reconnaissance le temps de se refroidir. Et une telle patience ne s'explique pas davantage chez les êtres avides. Ce retard n'a pu être volontaire. Quelle nécessité peut bien l'expliquer? Je n'en vois aucune, si Claude est vraiment Jeanne. On n'en voit que trop, si Claude est une aventurière. La Romée n'avait pas attendu pour s'installer à Orléans. S'imagine-t-on « notre Joffre » et le glorieux Foch attendant jusqu'en 1926 pour se faire nommer maréchaux et académiciens?...

Si Claude est vraiment Jeanne, comment n'a-t-elle pas revu le roi? Le roi semble avoir favorisé la supercherie, mais il s'est gardé de se compromettre par une reconnaissance directe. Si je me souviens bien, quand il apprend la bonne nouvelle, il se contente d'ordonnancer pour les deux frères une somme de cent livres parisis, dont ils ne réussirent à se faire payer par l'Administration que le cinquième. Et pourtant, quel intérêt a le roi à la survivance! Les voix de Jeanne lui ont toujours promis qu'elle échapperait à la mort. Si les voix ont dit vrai, Jeanne est une sainte. Si les voix ont menti, elles ne viennent pas de Dieu et la condamnation, dans les idées du XVe siècle, est juste. Or, elle retombe sur Charles VII : un prédicateur devant Jeanne n'a pas manqué de faire valoir l'argument et de déclarer le roi de France schismatique. Pour effacer ces terribles paroles, Charles mendiera à plusieurs papes successifs le procès en réhabilitation et, un jour que le pape aura besoin de lui, finira par l'obtenir. Jeanne survivante, c'est pour Charles un triomphe et une force. C'est pourquoi il laisse faire les deux frères. S'il ne devinait pas une supercherie, il ferait venir Jeanne solennellement et ferait tout pour répandre la nouvelle réhabilitatrice. Les registres d'Orléans nous montrent la dame des Armoises quittant la ville plus tôt qu'on n'espérait. Or, quand elle part (j'ai envie de dire : quand elle fuit), le roi va venir visiter sa bonne ville. Voilà une étrange Jeanne d'Arc, et peu hardie!

Voici quelque chose de plus inexplicable encore, si l'on admet la thèse de MM. Grillot de Givry et André Bourrier : Au procès en réhabilitation, fait sur le désir tenace du roi, mais sur la demande officielle de la mère et des frères de Jeanne, ni cette mère, ni ces frères, ni les nombreux Orléanais qui ont salué Jeanne en 1439, ni aucun autre témoin ne se souvient que Jeanne n'est pas morte sur le bûcher en 1431. Et pourtant, comme la survivance était avantageuse à tous : à l'Eglise, qui n'avait plus tué la sainte ; à Charles VII, qu'on ne pouvait plus accuser de l'avoir laissée tuer sans rien faire pour elle.

Le procès en réhabilitation ignore Claude des Armoises. Que s'est-il donc passé entre 1439 (ou 1443) et 1455? La fraude, sans doute, a été découverte. Mais nous n'en savons rien. M. Grillot de Givry nous montre, en effet, quelles difficultés présente l'identification de Claude des Armoises avec l'une ou l'autre des fausses Jeanne d'Arc qui furent condamnées. Et je crois, pour toutes sortes de raisons, que celle-ci ne fut pas condamnée. Trop de gens étaient compromis dans l'aventure. La fit-on disparaître discrètement ou lui fit-on entendre qu'elle devait ne plus faire parler d'elle? Je l'ignore. Elle disparaît de l'histoire après 1439 ou plutôt — suivant la façon dont on commentera le texte de la donation par le duc d'Orléans de l'Isle aux Bœufs à Pierre du Lys — en 1443. Impossible, dès lors, de rien savoir d'elle. Il semble encore bien invraisemblable que la véritable mort de la véritable Jeanne d'Arc pût passer inaperçue.

On voit que trop de réalités deviennent impossibles, si l'on admet la thèse de MM. Grillot de Givry et André Bourrier.

J'aime pourtant leurs travaux. Ils me forcent à voir que, parmi les choses que croient connaître les historiens, beaucoup sont et seront toujours ignorées. Mais remplacer un mensonge officiel par une hypothèse inacceptable, est-ce un progrès?...

L'aventure de Jeanne d'Arc réclame non un historien, mais un esprit analytique, un Strauss, qui nous montre l'impossibilité de tout le détail de la légende et qui nous en donne l'explication mythique.

Pour moi, j'ai beaucoup étudié, sinon Jeanne, du moins Claude. J'ai, dans mes tiroirs, l'ébauche d'un roman dont la dame des Armoises est l'héroïne. Mais un romancier est condamné à plus de sérieux qu'un historien et je n'aurais jamais osé bâtir mon récit sur l'hypothèse de la survivance.

HAN RYNER.

(*L'Idée Libre*, avril 1925).

Réponse à HAN RYNER

Par GRILLOT de GIVRY

J'ai lu avec d'autant plus de plaisir l'article de Han Ryner intitulé : **Claude n'est pas Jehanne**, que je suis bien moins éloigné de son opinion qu'il ne pourrait le croire.

J'ai soutenu la thèse de la survivance et du mariage de Jeanne d'Arc en m'efforçant d'être aussi impartial que possible, et le seul mérite de mon travail est, je crois, d'avoir réuni plus de documents sur ce sujet qu'aucun de ceux qui avaient étudié la question avant moi.

Si ma conviction penche vers la version de l'identité de Jeanne d'Arc et de Jeanne des Armoises, je n'entends pas, bien entendu, me poser en docteur infaillible. Je connais trop, par suite de mes longues investigations dans le domaine de l'histoire, les incertitudes de cette science, pour me permettre d'afficher l'outrecuidance des historiens officiels qui affirment **ex cathedra** qu'ils possèdent le monopole de la vérité.

Mon but, en démontrant qu'on peut nier le bûcher de Jeanne d'Arc, était simplement de faire prendre en considération la thèse de la survivance, qui vaut bien celle du martyre. Je n'admets pas la suffisance de ceux qui, en entendant le nom de Jeanne des Armoises, se contentent de hausser les épaules en prononçant le mot : Aventurière ! Je voudrais les mettre en présence des difficultés considérables que suscite l'existence des documents relatifs à cette soi-disant aventurière, et, opposant parallèlement les deux thèses, l'officielle et la non-officielle, démontrer qu'il est impossible désormais d'affirmer avec certitude l'existence du bûcher. Il y a doute, incontestablement doute. C'est là ce que je voulais faire avouer à ceux qui enseignent l'histoire.

Or, Han Ryner nous dit, dans son article : « Je ne suis pas tout à fait sûr que Jeanne ait été brûlée à Rouen. »

Je ne lui en demande pas davantage. J'ai atteint mon but. Désormais les deux thèses sont en présence. J'ai suscité, à une majorité jadis absolue, une minorité imposante avec laquelle elle devra désormais compter.

Cependant, Han Ryner préfère se rallier à l'opinion qui fait de Jeanne des Armoises une aventurière. Mais il avoue qu'il est obligé, pour cela, d'admettre la complicité des frères de Jeanne d'Arc.

J'avais indiqué moi-même, dans ma brochure, cette explication sans vouloir l'adopter.

Que toute la famille d'Arc ait été avide d'argent, affamée de récompenses, de pensions, d'honneurs, qu'elle ait battu monnaie avec les faits et gestes de l'héroïne, voilà qui est incontestable. Mais il n'en résulte pas nécessairement qu'elle ait pu organiser une vaste escroquerie comme l'aurait été celle de Jeanne des Armoises, si l'on admet l'opinion de Han Ryner. Il y a bien des gens avides d'argent qui ne voudraient pas s'engager dans la voie de la criminalité. Les frères de Jeanne d'Arc ne risquaient rien du tout à mendier des récompenses du roi de France ou des princes de la maison royale ; la plupart des courtisans en faisaient autant. Mais ils risquaient gros : le déshonneur et peut-être leur tête, à faire passer une aventurière pour leur sœur, dans le but, non plus de quémander de l'argent, mais bien d'en voler sans vergogne.

Admettre la complicité des frères de Jeanne d'Arc, c'est donc les accuser. Cette accusation, je n'ai pas osé la porter. Han Ryner l'ose ; c'est son droit, et peut-être a-t-il raison de le faire. Néanmoins, cette accusation, c'est encore une hypothèse, vraisemblable, comme bien d'autres, mais néanmoins hypothèse.

Il me semble donc que, si ceux qui sont chargés de rédiger les manuels officiels de l'histoire de France étaient impartiaux, ils résumeraient la question Jeanne d'Arc de la façon suivante :

Mort de Jeanne d'Arc : deux versions en présence : 1º Le bûcher de Rouen, attesté par un certain nombre d'historiens ; 2º la survivance sous le nom de Jeanne des Armoises, attestée également par d'autres historiens, avec documents à l'appui. Dans ce cas, hypothèse nécessaire de l'évasion.

Explication possible : Jeanne des Armoises aventurière. Dans ce cas, hypothèse nécessaire de la complicité des frères de Jeanne d'Arc.

Si Han Ryner veut bien admettre que tel est l'état actuel de la question, au sujet de laquelle chacun peut choisir une opinion, sans pouvoir l'ériger en certitude, nous sommes d'accord.

GRILLOT DE GIVRY.

(*L'Idée Libre*, mai 1925).

Documents

Monsieur Lorulot,

A propos de l'article de M. Bourrier sur Jeanne d'Arc, je vous envoie cet extrait du discours de Clémendot au congrès d'août 1924 (du Syndicat National des Instituteurs). L'auteur demande la suppression de l'enseignement de l'histoire a l'école primaire parce que, même neutre, cet enseignement reste *clérical et nationaliste.* Et il cite comme exemple l'histoire de Jeanne d'Arc :

« ...Et l'histoire de Jeanne d'Arc, de sainte Jeanne d'Arc dont on continuera à dire pendant longtemps « qu'elle a bouté les Anglais hors de France », alors que la guerre contre les Anglais a duré plus de vingt ans après sa disparition ! Faites ce que vous voudrez de l'histoire de Jeanne d'Arc ce sera toujours une histoire à tendance cléricale. J'ai entendu de singuliers propos sur l'histoire de Jeanne d'Arc depuis que cette campagne est commencée. J'ai entendu un professeur en Sorbonne... dire : « Oui, il y a des choses dangereuses ; pourquoi vous amuser à rechercher qui a condamné Jeanne d'Arc ? Est-ce qu'il ne suffit pas de dire que Jeanne a été brûlée par les Anglais ? »

Je trouve cela très grave, extrêmement grave. Il y a deux faits là-dedans, il y a la condamnation de Jeanne d'Arc et son exécution. Sur le premier, nous sommes absolument édifiés, nous avons les pièces du procès. Nous savons de source absolument certaine que Jeanne d'Arc a été condamnée par un tribunal ecclésiastique, composé non pas seulement de l'évêque Cauchon, mais de plus de cent assesseurs, tous ecclésiastiques, dont trois seulement, disent Lavisse et Hanotaux étaient de nationalité anglaise. Eh bien ! sur cela, dont nous sommes sûrs, certains partisans de l'histoire (de l'enseignement), nous disent : il ne faut pas le dire. Je fais appel à ceux qui assistaient à la conférence Fauconnet. On nous a dit qu'il ne fallait pas s'occuper de ceux qui ont condamné Jeanne d'Arc, mais seulement de ceux qui l'ont brûlée : ce sont les Anglais. Eh bien, nous ne sommes pas fixés sur l'exécution de Jeanne d'Arc, nous ne savons pas si elle a réellement eut lieu. On a prétendu que les pièces qui font douter du bûcher de Jeanne d'Arc seraient soi-disant authentiques. Eh bien, puisqu'on insiste beaucoup sur l'histoire locale, qu'ils aillent donc à Orléans, aux archives départementales, ils trouveront des registres magnifiquement conservés paraît-il (je ne les ai pas vus), très lisibles, bien qu'ils datent du XV* siècle, intitulés : *Comptes de forteresses de la ville d'Orliens*. Ce registre est coté : CC 654. Ils trouveront dans ce registre, au verso du folio 34, des pièces qui constatent qu'en 1436, cinq ans après le bûcher ou le prétendu bûcher, les deux frères de Jeanne sont venus à Orléans, après avoir passé auprès du roi, pour annoncer que leur sœur alors mariée, était encore vivante. Et puis ils trouveront un autre registre, coté CC 665, dont les folios 53, 66, 74, contiennent d'autres écrits constatant qu'en 1439, huit ans après le prétendu ou vrai bûcher, Jeanne d'Arc, devenue par son mariage Jeanne des Armoises, est venue à Orléans accompagnée de ses deux frères, et que la ville leur a fait une réception qui a coûté une certaine somme consignée sur le registre en question. Ils verront dans le registre, à l'année suivante (1440) que jusqu'en 1439 il y avait à Orléans deux cérémonies en l'honneur de Jeanne d'Arc : une commémoration de la délivrance, l'autre en commémoration de sa mort ; mais, à partir de 1440, comme les Orléanais avaient vu Jeanne à Orléans, on a supprimé la cérémonie funéraire. Vous me direz : « Qu'est-ce que cela prouve ? Ce sont des faits bien connus des historiens indiqués dans Hanotaux, dans Anatole France. Comment se fait-il qu'on n'en tient aucun compte ? » On dit : Eh bien, quoi, cette Jeanne qui est venue en 1439, ce n'était pas Jeanne d'Arc, les deux frères sont des imposteurs. Ils ont pris une femme quelconque qu'ils ont amenée à Orléans. Voilà ce qu'on dit ; après tout, c'est dans les choses possibles, mais il y a tout de même quelque chose de singulier : si ses deux frères sont des imposteurs, il me semble qu'on aurait dû finir par s'en apercevoir et les punir. Or, loin de là, l'un a été nommé capitaine de Vaucouleurs par Charles VII lui-même et l'autre frère a reçu du duc d'Orléans une terre... près de Chessy. Eh bien ! si les deux frères avaient été des imposteurs, auraient-ils été ainsi récompensés ? (Une voix : On ne sait pas). Oui, tout est possible, mais il y a autre chose : les Orléanais ont reconnu Jeanne d'Arc et parmi eux il y avait qui ? La propre mère de Jeanne qui habitait la ville depuis le siège. Elle n'a pas dit : mais, non, ce n'est pas ma fille, vous vous trompez. Personne n'a protesté. On m'a dit souvent : « Votre Jeanne des Armoises c'était une fausse Jeanne d'Arc, ça ne prend pas ». Mais c'est quand même un peu fort, que nous qui vivons au XX* siècle, cinq cents ans après la mort de l'héroïne, nous ayons la prétention de dire:«C'était une fausse Jeanne d'Arc », nous qui ne l'avons jamais vue, et que nous disions aux Orléanais qui l'ont vue : « Vous, vous étiez des imbéciles ! »

« Je ne veux pas tirer de cette histoire plus que de raison, je ne veux pas vous dire : Je suis sûr que Jeanne d'Arc n'a pas été brûlée. Non, je n'en sais rien. S'il y a des témoignages qui infirment la version de Jeanne d'Arc, il y en a d'autres qui la confirment. Je ne sais pas à quoi m'en tenir, alors que doit-on faire ? Se taire. Dans le doute, abstiens-toi. Mais c'est tout le contraire qu'on veut nous imposer. A propos de ce dont nous sommes sûrs, savoir que Jeanne d'Arc a été condamnée par un tribunal religieux, on nous crie : Il ne faut pas le dire, c'est trop dangereux ; mais, ce que nous ne savons pas : exécutée par les Anglais. Eh bien non, il faut le dire, parce qu'attaquer l'étranger cela n'a pas d'importance, mais si nous disons autre chose, nous attaquons la Sainte Eglise ; c'est sacré, il ne faut pas y toucher...

« Je dis que l'enseignement de l'histoire, tel que nous le donnons, est forcément cléricalisant...»

(Bullelin Syndical d'octobre 1924).

Excusez cette longue citation. Peut-être vous intéressera-t-elle, mais la vérité est longue à percer, et pendant longtemps encore, par ignorance, dévotion ou neutralité, la majorité des instituteurs continuera à enseigner à l'école laïque l'histoire de Jeanne d'Arc, vierge et martyre, et brûlée par les Anglais !!!

Salutations cordiales.   H. D.

II. — L'opinion d'un historien de Lorraine.

Sur cette intéressante question du supplice de Jeanne d'Arc, nous versons aussi au débat l'opinion de M. E. Gegout, esprit indépendant et érudit, très renseigné sur l'histoire lorraine :

« ...Pauvre fille, dessalée par le curé de son village, jouet de sa bouillonnante hallucination. Mystique ? Pensez-vous ! elle montait les vaches à califourchon. Pucelle ? cette robuste tétonnière développant sa féminité parmi la gent guerrière, brutale et affamée, allons donc ! Mais elle fut, la pauvrette, l'outil à toutes fins de l'Eglise qui, après s'en être servi, la brisa. Rappelons la comédie de Chinon, son rôle de messagère divine que lui serina le moine Richard pour épater et rassurer ce ballot de Charles VII, qui voulait savoir s'il descendait bien de son père, — par la ruelle adultérine d'Isabeau de Bavière ! Pour expliquer Jeanne d'Arc, disent de calamiteux écrivains, tenons compte de l'état des âmes au XVe siècle. Cet état d'âme, farceurs, était farci de mensonges, imputables à l'Eglise qui l'exploitait. Après des siècles de mépris ou d'oubli, vous dressez Jehane sur vos autels avec sa légende. Dévoilons-la : elle fut sauvée du bûcher par la duchesse de Bedford, se maria à Robert des Armoises, fut reconnue de ses parents et frères d'armes, servit le roi d'Espagne, batailla au

Mans avec Gilles de Rais, fils de Marie de Craon, puis pour le compte du pape Eugène IV, et mourut obscurément.

Ernest GEGOUT.

(*Fragments du Passé*, Paris 1925 ; page 15.)

D'une lettre que M. Ernest Gegout a eu l'obligeance de nous adresser, nous relevons le renseignement suivant : C'est un lorrain, Gaston Save, peintre restaurateur des chefs-d'œuvre historiques lorrains, qui a publié le premier un travail sur Jeanne des Harmoises. Il fut l'un des premiers partisans de la thèse de la survivance, ainsi que M. Gegout lui-même, qui l'a défendue énergiquement dans maint article.

*
* *

En guise de Conclusion :

Nous ne prétendons pas conclure. Que le lecteur réfléchisse ! La présente brochure n'a pas d'autre ambition que de lui apporter, sous une forme très résumée, les principaux documents des thèses en présence.

De toutes façons, c'est une grande leçon de scepticisme qui se dégage de cette discussion. Il y a lieu d'être méfiant à l'égard des enseignements (si dogmatiques pourtant !) de l'histoire officielle !

Condamnée comme hérétique, Jeanne d'Arc fut une victime de l'Eglise.

Si elle a été brûlée, elle mérite de figurer au martyrologe de la liberté humaine, au même titre que les autres victimes de l'intolérance religieuse : les Huss, les Dolet, les Chevalier de La Barre, etc.

Si elle a échappé au supplice, l'Eglise qui ose la revendiquer aujourd'hui et qui en fait une « sainte » après l'avoir persécutée naguère, n'en est que plus ridicule — avec ses prétentions à l'infaillibilité.

Dans un cas comme dans l'autre, la Vérité ne peut que servir la cause de la Libre Pensée !

L'IDEE LIBRE.

www.ingramcontent.com/pod-product-compliance
Lightning Source LLC
LaVergne TN
LVHW021507060726
842527LV00006B/2503